a paisagem
correta

a paisagem correta

AMIR OR

Tradução e organização
Moacir Amâncio

O poeta no meio do redemoinho

Moacir Amâncio

> *Le don de vivre a passé dans les fleurs!*
>
> Valéry

A poesia de Amir Or contém diversas tendências, mas a ideia e a sensação da incompletude pontilham estes poemas na palavra e na cena que se articulam numa coisa só. Porque Amir posiciona-se como poeta na perspectiva de uma sofisticada e ousada imitação do Deus criador de Gênesis a partir do que a palavra se confunde com a coisa criada. Um pouco antes de Amir, a poeta israelense Yona Wolach (1944-1985) já se anunciava como profetisa e, nos seus poemas ela pregava o entendimento e a aceitação desse princípio como uma forma de quebrar o vácuo entre o conceito e a coisa, desde que a pessoa (poeta ou leitor) se inserisse na corrente criadora infinita dada na palavra. Amir avança na proposta poética e expande suas vibrações: tradutor do grego clássico e conhecedor das religiões do espectro budista, incorpora-as ao universo da Criação hebraica num fluxo de renovação particular e geral. Como se sabe, Deus se revela a Abraão como um verbo (Ser-Estar-Sendo) na própria dinâmica das coisas.

Sim, isso remonta ou traz à tona ideias cabalísticas tradicionais que assim desestabilizam lógicas também tradicionais e contemporâneas. Sua poesia é, portanto, poesia do movimento que retorna e se renova na perspectiva do laço sem fim nem começo. Foi o que constatei durante a leitura e durante o trabalho de tradução. A completude só se daria na transformação infinita do verbo. Não por coincidência, é na incompletude do movimento que o tradutor e crítico israelense Rafi Weichert, autor de uma espécie de guia analítico da obra de Or, tem um de seus focos. O texto foi publicado como posfácio a "Despojo" ou "Butim", "Saque" ou "Espólio", ou *Shalal* (HaKibuts haMeuhad, 2013) na origem, antologia que abrange textos escritos de 1977 ao ano da publicação. Essa constatação acabou por nortear a organização dos poemas inicialmente selecionados pelo autor, aos quais acrescentei vários outros que confirmaram minha percepção e, pelo que vejo, uma intenção de Amir Or. Diz Weichert, evocando toda a tradição hebraica mencionada, a propósito do poema "A Língua Diz" (tradução, p. 69):

> "A língua é com certeza produto do mundo, mas no instante da materialização como poema, no momento de redação dos versos, ela cria um complexo de relações que existirão de agora em diante. Ela aciona a fala do falante e do leitor, ela realiza o corpo do escritor no corpo do mundo e aproxima o segundo, por meio do enunciado, ao corpo do leitor. Os jogos entre o existente e o não existente são o privilégio da poesia, mas ela pode transformar quatro frequências diferenciadas – mundo, autor, poesia, leitor – numa só entidade, viva e respirando, no sentido de "e serão uma só carne" (Gênesis, 2:24), mas com todas as distinções, divisões e nuances. Os versos que retornam e mudam nesse curto poema são o enunciado e o ouvir, discurso e audição, a tomada e a doação. A língua diz e todos nós, seus senhores e seus servos, somos transformados em ouvintes, em obediência à palavra, para a marcha pelos caminhos que ela cria." (p. 304-305)

A consciência do inacabado nesta poesia decorre portanto da prática, da existência, da impossibilidade de se encontrar ideias ou situações completas, marco da realidade total, matéria movediça enfim, na qual se dá a palavra criadora divina, além de dogmas e rituais, se mudarmos o tom da exposição de Weichert. Textos deste livro proporcionam essa experiência nas diversas modulações em torno da banalidade diária e da busca dessa síntese expansiva captando-a em verbo, ritmos, imagens. A transcendência existe e se coloca numa dimensão em que a morte desaparece no fluxo vital em que toda a existência participa e se confunde. É dessa maneira que o poeta, e o leitor também, está dentro da viagem: no voo de uma águia, por exemplo, num tempo qualquer, num espaço qualquer, ou tempo-espaço.

Engana-se no entanto quem pensar que Amir Or é um poeta rarefeito trabalhado em abstrações. Porque a sua gnose acontece na matéria deste mundo que limita a visão humana e nos coloca na camisa de força das tragédias. Apolo pode ser visto e registrado nas paisagens da atual Tel Aviv, na Jerusalém de hoje e de dois mil anos atrás – como se nada tivesse mudado, e aí está o nó. O problema em relação a Maria está no esquecimento da hora sublime da Anunciação. O serviço no Segundo Templo, refletido em "Min'há", torna-se um filtro da história para que reflita, numa superposição de imagens, a vida burocrática de sempre, pontuada pela assombração das três parcas/matriarcas, anônimas porém. A vida está no registro das "Artérias do Tráfego, dos Altares Gerais, da Família, do Estado, do Trabalho, do Asilo de Velhos – ou do Hospício", resumindo o trem de tantos momentos na cena contemporânea, onde o sacrifício no Templo é consumado em santa ignorância, evitando, porém, romper o ciclo constrangedor.

Esse poema e o próximo, "Não Longe", formam um par, ali, o registro da imobilidade ilusória, mas nem por isso menos terrível, simbolizada pela "ampulheta" fluindo "dentro de si mesma", como alguém muda a posição sem alterar o tempo "presente dentro do presente", e essa lógica de linhas e planos com que se percebe e reduz a existência, fixando-a num plano reduzido. Ao lado de um Templo, os mendigos exercem a sua função – há um paralelismo entre eles e as Parcas não nomeadas de "Min'há". Acontece que não há templo nenhum por ali, os atos humanos se esvaziam e são preenchidos de areia que retorna sobre si mesma. Em "Dinastia" há um iluminado que aponta o caminho, após 107 tentativas dos seus pares: "Nano, o centésimo oitavo sábio, olhou ao seu redor e não viu coisa alguma. Ele escutou e não ouviu, tocou e não sentiu nada. Com Nano, dizem os escritos, veio a redenção ao mundo". Fiquem tranquilos, ninguém percebeu.

O poeta acrescenta um ponto importante no debate sobre a expressão nos últimos 50 ou 60 anos. Os escritores israelenses, até então, estavam, de modo geral, envolvidos com as urgências de uma sociedade construída nos moldes revolucionários do sionismo vinculados a ideias coletivistas que guiaram a implantação de um país no decorrer de poucas décadas, reunindo imigrantes originários de uma centena de outros países onde estruturaram tradições próprias em torno de um eixo comum, tendo o judaísmo como religião e civilização. Or já se formou num ambiente menos submetido ao peso da sociedade ideológica e, como outros autores, pôde se perceber cidadão do mundo em sua atividade artística, de tradutor, ativista cultural e poeta. Basta ler alguns dos poemas desta antologia para verificar a liberdade com que ele trabalha temas numa perspectiva muito pessoal. Essas são possibilidades de leitura deste livro que ecoa a literatura da *Beat Generation* junto com elementos gregos, orientais, cristãos e judaicos, numa síntese que vai do iconoclasta ao gracioso da flor onde a abelha fertilizadora torna-se a mensageira de Eros, provocando uma associação com "Maria", na tecla do amor – até o eventual despertar.

O panteão de Amir Or dessacraliza o sublime convencional e poetiza a banalidade da moagem infernal onde seres humanos e animais domésticos, ou não, são reduzidos à condição de consumidores, embora a percepção da possibilidade de se romper a cadeia esteja dentro da rotina que oculta as metamorfoses, as metempsicoses, as transformações constantes e transcendentes na sua mínima realidade. Como o gato de um dos poemas, humanizado pelo narrador que detecta a própria alienação de si mesmo na embalagem plástica das sobras de um restaurante do bairro destinadas ao bichano, ou não. Essa alienação coloca-se na cadeia do afastamento do Uno, que implica tudo e todos, o gato torna-se a possibilidade de vislumbrar a unificação rasgada na história e no dia a dia. Estas são anotações sobre possibilidades de leitura. Cada leitor saberá encontrar tantas outras – é o único modo de superar a metáfora da morte do autor e sua luta com a palavra que não lhe pertence.

Lições

1
cedo pela manhã
a língua do farfalhar
dos galhos ao vento
eu quero aprender

2
sopra também em mim
ensina-me a farfalhar
palavras ao vento

3
estende os meus galhos
ensina-me a ser
a árvore que eu sou

4
do fundo podre ao perfume das flores
meu bom peso – minha duração,
minha vida

5
folhas se elevam
folhas caem
e eu

Lenda matinal

De manhã ergueu-se e abriu a janela:
Uma linha de sol – do oriente ao mar,
Foi-lhe ao coração, um peso no ar,
E ele então despertou: "a terra é bela".

Mas por que esta amarga depressão?
Que sonho me veio? Acorda agora!
Um novo mundo criarei sem demora;
Serei! – outro quando virá mais não.

Alçar-me-ei àquele mundo das folhas
Lá vou tocar o verde coração!
Borboleta, e por flores a ração,
Até o néctar da vida em claras bolhas.

Então partiu. Não mais do que dez passos
Limpos de vida, e nem um pouco lassos,
Diante do rubro leste eles seguiram.
Nisso então abriu os olhos, que viram.

Para ele, dez passos, no entanto, eram
Mais longos que a própria vida, até lá:
Como saber o ontem, que mais esperam,
Dez eternidades quem contará?

Para um Éden esquecido partiu
de madrugada, levantou-se e abriu.

Não perguntes

À planície sob o papel chamarás mesa.
Não perguntes de onde vieram as palavras.
Observa o mundo das folhas: tu o chamarás árvore.
Na folha da manhã faísca uma gota de orvalho.
Não perguntes como, pergunta de onde:
a forma das coisas é a forma do olho.

El amor brujo

Como

Como vou te dizer? – Estás mais próxima
do que o suportável.
Tu és a fruta que explode o coração.
És o nome levado pela boca muda
tal o mar na palma da terra.
Eu toco e invejo a minha mão que toca,
eu toco já saudoso de tocar.

Pânico desse instante que não passa:
estás aqui dentro aqui dentro aqui.
Aqui o fogo da alma arde.
Aqui o coração por devorar.

A lua

O animal entre as minhas pernas uiva
para o animal entre as tuas pernas.

A lua entre os meus dentes uiva
para a lua no teu coração.

O animal em meu coração
fareja-te sempre.

Vem

Vem, vamos fazer amor, não realidade.
Já não tenho força para morrer
e morrer.
Esta alteridade, tua e minha
ameaça menos (ou pelo menos
do meu ponto de vista).
Não. Não ouses,
não tentes
sequer me compreender.
Ao contrário,
relaciona-te comigo feito
eu fosse um inimigo,
espiona-me com asas nos pés,
fica atenta.
Anota bem
todos os postos de vigilância,
as passagens secretas,
os parceiros,
os assassinos de aluguel –
em resumo,
prepara-te o quanto puderes.

Depois disso
o dado será lançado
e já não ficará claro
quem é o agente duplo
qual o motivo do assassinato
e quem partiu
o tabuleiro do jogo?

Também não ficará claro
de quem
é o informe acima. Ponto.

Relê. Lê entre as linhas.
Recodifica. Destrói todo testemunho.
Tudo pronto?
Então vem,
Vamos fazer amor.

Imortalidade

Três cozinheiros
ocuparam-se com a limpeza das entranhas,
rechearam com camarões e cogumelos.
Foram doze gemas,
uma garrafa de vinho branco seco,
vinte dentes de alho,
quinhentos gramas de manteiga.
Apesar da minuciosa receita
por ele abandonada –
não faltou um pouco de talento
e improviso.
Três horas no forno,
toalha branca, velas vermelhas,
salada verde, champanhe.
O que dizer?
Ele liberou a língua e proibiu o necrológio.
Como na sua vida, havia carne e sangue,
morto, saboroso e amado.

O estrangeiro

Ele desperta na areia fervente entre a parede e a praça.
O comboio para à sua frente, como diante de uma lembrança esquecida.

Talvez ele seja somente um sinal no trajeto? Um cartaz ou um diário?
Talvez o tenham colocado ali no cruzamento um instante ou para sempre?

O corpo que enrijeceu não está morto;
ele não está só. Seres sem sombra e sem reflexo

trouxeram-no para ser queimado no monte de lenha,
esterco e libação de óleo, sob uma onda de flores.

Será um homem ou um peixe? Será que vai viver
ou passará com quem o leva à tumba?

Suas mãos, pernas e pescoço permanecem imóveis, nesse passo único
com o qual ele passou além da vista, e sumiu dentro da sombra.

Suas guelras congelaram no último fôlego, sua sombra, amarela
restou jogada como hábito de monge vazio

pisado por quem vai e vem no leito do trajeto
que passa entre barracas e bancas de ambulantes.

A sombra, a imagem, a roupa – fixadas no reflexo,
queimadas como a imagem do fogo nos olhos de um amante,

vista de um mundo-espelho na parede da casa e na dança
bruxuleante de criaturas das poças entre a chuva e a luz.

Agora, numa imagem sem corpo ele desperta entre as mãos
dos coveiros da eternidade, levado como despojo. O enterro segue

dentro do silêncio lento como em líquido espesso, coagulado;
as carpideiras não são vistas, mas a voz delas eleva-se em lamentos: ai! ai! ai!

O cortejo afunda-se e não está completamente fora do escuro,
segue atrás do caixão como longa esteira de sombra ou espuma
que acompanha o movimento de um caranguejo na areia. Desperto,
coloca o pé no chão imprevisto, que também desta vez não lembra

Ele tenta um movimento
como um bezerro que estivesse de quatro pela primeira vez.

Os alças-de-caixão já recuavam diante dele, ainda que nenhum movimento
era notado de soslaio, mas deslizava membros adentro, brotar de galho.

Ele fora abandonado na areia, na praça diante da parede,
e no passar de uma época ele finalmente permanece;

a sombra dele cresce na parede, abre sobre a praça como uma goela,
puxa para si, do alto, os membros ausentes, estende as mãos para trás.

Agora quando lembra, titubeia tocar no que o trouxera até aqui –
na grandeza que dele cai como um pensamento.

Lento ele se livra da convulsão da morte,
lento ele observa o reflexo e a sombra que ficou atrás:

mulher e duas filhas, um menino de cinco anos,
e a velha mãe ainda em pé, como um eco que volta à própria voz

à margem do rio
onde se espalha a cinza.

Cerveja

O assassinato perfeito não tem motivo, disse,
o assassinato perfeito exige um objeto perfeito
como foi, então, em Auschwitz.
Não os crematórios, lógico, mas como
depois, fora do horário de trabalho, disse
e calou
olhando a espuma da cerveja,
bebeu.

O assassinato perfeito é amor, disse.
O assassinato perfeito não quer a coisa perfeita,
só dar
segundo a tua capacidade.
Mesmo na lembrança do sufocar há vida
eterna. Mesmo os uivos que embalaram minha mão,
mesmo o mijo que caiu como piedade na carne fria,
até o taco da bota acorda outra eternidade,
mesmo o silêncio,
disse.
Olhando a espuma.

Certo, o trabalho digno
liberta bastante, mas
o assassinato perfeito não perde
nem ao menos uma única gota.
Como os lábios do menino, explicou,
como a areia e a espuma,
como tu ouves
ouves,
bebes e ouves.

Mais

Então eu nem te olho, prefiro a janela,
e o olho, maquiado em negro e cinza, distancia-se agora

para descobrir alguns contornos quebrados de plantas
cujo coração é um e não se dá à vista.

Como a pele seca do elefante, crivada de ilhas, antiga,
a oliveira junta suas rugas

às velhas ravinas afundadas em sombras, voltam
para se estender em arcos enrijecidos ao toque do sol. Lá

no alto de um monte de cascas inclina-se o bebê para a mama:
um prego enferrujado.

Além disso não olho, não penso. Como posso eu
pensar sobre folhas por fora prateadas à luz crepuscular.

No céu acima disso, acima da mirada. Como eu posso
pensar sobre o infinito e sobre o vazio agora, quando tu

agonizas. Enquanto tu agonizas, como posso
senão pensar em ti. Como, pensar talvez nos seres amados

que ainda não vieram, talvez até nos seres amados vivos.
Pensar que também nisso existe um pensamento sobre ti,

E também acreditar nisso. Acaso eu posso ser forte assim
só pelo que me fizeste agora, que estás morto? Amanhã

escreverei pra ti umas linhas, epitáfio, ou ao menos um bilhete –
algo poético, como por exemplo, "aqui jaz um dançarino".

E se isso não for suficiente para te sepultar, claro, eu ampliarei:
"Rega-me", escreverei na face do mármore, "rega-me,

eu estou sedento. Rega-me e não com água, rega-me,
não com clara lógica. Rega-me, não com um nome.

Rega-me, não com vinho. Rega-me, nada mais –
Rega-me. Beleza, amor não basta, Deus não basta.

Não basta nem esta vida nem qualquer vida. Rega-me,
eu tenho sede".

Epitáfio

Desvia-te do caminho, tu ó andarilho,
senta entre as amoreiras e as videiras.
Entre a água e a sombra e a brancura da pedra
aqui deito-me eu, jovem e rei.

Face de mármore frio. Minhas mãos, meus pés.
Eu me visto de samambaias e folhas caídas.
Eu também não fui longe,
eu também fui vivo.

A Tentação

Esta foi a tentação:
esfregar o eu contra o tu,
nossos pensamentos contra as imagens deles.
Sentir.

Lá, tu lembras, já estivemos antes,
sem mãe e sem pai, sem umbigo,
sinalizados apenas pelo primeiro corte.
Livres de peso, medidas, destruição,
Vagamos um pelo outro, sonhamos mundos,
Vivemos.

Mas a aposta era muito baixa,
o risco – somente o jogo.
O desejo era o fazer,
completo no ato.
Assim (lembras?), chegamos também aqui:
por um desejo,
um olhar.

E agora nós estamos aqui, no ar pegajoso,
lixamos tudo isso por dentro, com dificuldade –
toda sensação, todo encontro.
Nosso sol brilha e afunda,
nosso mundo envelhece.
Mas olha aqui:
finalmente achamos
uma nova ruga na alma,
e isso é verdadeiro. É real.
Finalmente podemos perder, destruir. Finalmente
estamos vivos.
Por um instante podemos
até morrer.

Oração de Orfeu

Morte e mais morte, areia e mais areia.
Paramos na praça com fome de ser
e qual sombras de montanhas cobrimos a cidade
com imagens de um sonâmbulo. Ela estava ou não?

Um estranho no meu corpo, pode e não pode, provei o ar:
quantos anos andaremos ainda por essas areias mortas?

A montanha é vislumbrada como sonho ou delírio,
as areias passam sob nós, lembrança sem começo.

E cada lugar –
é todo lugar.

De onde viemos? O caminho sobe ou desce?
Tu estás lá, atrás do meu olhar? Meu olhar vai além de mim?

Sozinhos atravessamos os grandes pântanos sobre a face dos afogados
a se dissolver lentamente. Por anos fomos imortais.

No sótão, em Amsterdã, vimos tremenda tristeza à janela.
Quanto ainda seguiremos entre morte e morte, areia e areia?

Dá-nos uma nova história, dá-nos uma nova morte.
Dá-nos hoje a vida de hoje.

Florescência

Quando os mortos preparam o próximo nascimento
os cemitérios cheiram a primavera.

Eles estão mais próximos do que um sonho –
desgarram-se de seus mundos para morrer no mundo.

Percebes de repente e teu corpo estremece –
eles passam por ti como se fosses um fantasma.

A abóbada da paisagem – o céu, algumas nuvens leves,
é uma tela fina
                    que não pode defender-te.

O som de conchas e sinos mergulha nos teus ouvidos,
a cada respiração tu inspiras a presença.

Na primavera tudo de novo se revela carne.
Espelhos cintilantes pendurados no vento,
olhos florescem por todos os lugares.

Lembrança. O fora é rasgado de dentro dele

Já não é claro como dobrar de volta todo este
poema. O poema é memória, como o sol
que fica no olho após a olhadela no sol; assim
é o poema, verso após verso. Na escadaria

um homem sobe de volta ao apartamento, segundo andar.
Esse homem, isca previsível para mais um verso, abre

a porta e apalpa o interruptor. Depois, à geladeira.
Abre a garrafa e não faz disso parábola, nem mesmo exemplo.

Tu dizes que há fatos e tudo isso não aconteceu no poema, sim
nos degraus, no apartamento, domingo às nove.

Tu eras ele, em todo caso retornaste
para alimentar o gato. O poema, dizes, é como

o sol que fica no olho após uma olhadela no olho
que olhou o sol. Eu digo, o poema não está mais

longe do que o saber aqui "há um gato", "aqui, as palavras".
De volta os mundos das lembranças que serão lembradas daqui em diante.

Certo, esqueci de falar do gato que não houve
nem há no poema. Bom, então o gato se empanturrou na lata de lixo

toda a tarde e se revela voraz só de pena
da solidão de um homem como esse. Mas no final das contas,

neste poema não há gato que fique indiferente
ao cheiro dos restos de frango, ou não os distinga entre os versos,

embora tenham sido bem lacrados em um saquinho plástico
do restaurante da vizinhança na hora de fechar.

Floração

O Eros da floração flutua à minha janela
entre os arbustos de buganvília e me diz:
tu também não escaparás à primavera das criaturas.
E eu – afogando em néctar, abro para ele, de novo,
abelha trabalhadora que só.

Testemunho

Ao redor dos cinquenta, pai de um menino de seis anos (não visto aqui)
poeta com as palavras, odiado (não se vê aqui) na verdade
um tipo de criatura selvagem, aqui estão:
cortes da alma, revolta, lábios
muito sensíveis, todo olhos
(vê-se, vê-se) e na verdade
o que o espelho trai não é mais profundo do que o que ele não –
o documento-disto é bidimensional,
moldura de retrato do procurado.
Imagem espiando aqui um instante desde a multidão da alma –
E a alma?
O que poderei vos revelar sobre ela
que não sabeis?
Aqui está a espiga que emergiu do nada,
aqui está a faca
que a ceifou do Um.

Rumo ao mundo

O espírito cai, o pequeno corpo
sacode-se embaixo com o grande corpo
quando um mar selvagem bate o fundo neles
e o entorno é o dentro –
agarra encolhe torce engole
como garganta ou intestino
a presa.

A eletricidade da dor atira-o do útero
às caras acima das coxas abertas
para o céu do quarto, e além
para o quarto do céu
que arredonda no arco do seu olhar.

Caras, caras, caras, mais caras
saídas do mar, das cidades, do ar incandescente.

Embaixo de sua pele ossos rangem trincam quebram
formigas escalam as órbitas dos olhos

paredes se transformam em paredes que se transformam –
um berço, uma banheira, uma rua, um túmulo.

Lá embaixo
um choro.

Mostrai-me

Mostrai-me a árvore
sobre a qual nenhum olhar pousou.
Lá entre os galhos
aninha-se um conhecimento.

Momento

Descrever este momento, quem poderá?
Somente eu estou aqui sentado
a olhar tudo isso sem nada dizer:
mais mel no ar, o verde em tudo.
Somente a mosca-pensamento
voa sobre o paraíso da manhã.

Gato

Dois gatos sobre a tigela do creme:
um come, outro observa.
Todo miau é supérfluo. Gato e paixão.
A paixão disse: gato.

Dois gatos na tigela do creme.
No miau distingue-se o gato do creme.
No silêncio distingue-se gato de gato.

Disse o creme: deleite, morte, gato
negro.

Quarto de hotel

Quarto de hotel – sim, nada pessoal;
ao meu redor somente o silêncio dos que dormem.
Eu também aqui sozinho,
olho no espelho e não vejo nenhum rosto,
de onde vim e aonde vou?
Eu tinha um nome, lembro, vivia-se...
Em meu coração, porém, só reina a desolação,
e na minha cabeça um conselho de fantasmas.
Mas chega, vou me levantar e sair sem medo,
vou embaralhar de novo as cartas do destino!
Com a morte vou jogar desta vez,
com todos os tesouros da minha vida por butim.
Somente o espelho, ainda na dele, me diz:
Eu não te vejo – abre os olhos!

De joelhos

Eu aqui me ajoelho, sobre uma página de confissão,
desmonto o meu discurso, tudo morto.
Um anzol passa – sem nenhuma isca
que me leve a confessar a triste verdade.
Eu não sou louco – em fogo baixo
dia a dia o meu coração ferve na panela de sua vida;
um trabalhador forçado da minha existência, odiarei
a minha tolice, na qual confio.
Escreverei então mais um poema com um punhado de pó,
no meu peito vibrarei suas cordas;
e da página cantarei "meu tempo passou" –
por certo minhas palavras sempre poderão ser lidas.
Até aqui chegam minhas palavras – deixarei a pena;
eu tive um sonho, agora é acordar

Segunda-feira

Árvores árvores estende-se o bosque
e o caminho tens de escolher de novo:
aonde ir? Direita? Esquerda? Quem sabe?
Segue teu coração, isso é o que importa.

Dizem, "afasta-te da rota das tropas",
"Escolhe entre as trilhas menos usadas!"
Mas toda senda é atulhada de passos
que outros deixaram, faz já muito tempo.

Olha em volta e abandona este caminho;
essa árvore, a gazela, o falcão –
ao teu destino guiarão finalmente.

Novo caminho teus pés pisarão:
na selva nenhum caminho é preciso –
basta ver que o dentro é o fora, juízo.

Proximidade

"Jamais me envergonhei", disse o mendigo,
minha cusparada correu-lhe a cara.
E o coveiro: "Ninguém sonha comigo",
Ergo o copo à tua saúde, amigo.

(Dos) Poemas de oração

1

Perante vós, o Deus que se inventa
estende-se a minha prece: Sede!

2

A árvore à minha janela não se volta para Meca.
Eu não me volto a não ser para ela.
A oração da chuva murmura na sua folhagem.
E o meio-dia do seu corpo abre-se à luz.
Ao vento do mundo ela se move;
Ensina-me a estar assim.

5

Cresce o céu – claroscuro;
o dia vem, o dia vai.
Respirar e ser, ansiar, cair –
dia a dia ensina-me, como uma folha

O Santo Bendito Seja

No reino lá de cima eu sou Deus,
governo de uma pequena província oriental –
lá, um pequeno povo fundou para si um Estado
e alguém o chamou de Israel.
Parece trabalho leve, mas de todo canto
orações, queixas e pedidos sem fim.
Não param um instante, eu não fico livre
nem para bater papo com a Divina Presença.
Já esqueci onde se encontra a Luz Oculta –
Há pecados a contar, há o banco de mandamentos
e todo ano os exércitos das escolas religiosas
somam novo batalhão de pedintes.
Então chega, não responderei a nenhuma oração –
se isso é religião, eu estou fora.

Maria

Ser a mãe do Messias é muito duro –
por dois mil anos eu estou aqui junto da cruz
em pé e a chorar por este filho
que não cresceu carpinteiro como seus antepassados.
Ele não sabia bater um prego,
como nasceu pobre, também morreu pobre.
Eu sou filho de Deus, dizia ele,
cortai um pedaço de madeira e vede*:
ali também estou eu.
Aos humildes ele deu o reino celeste
porque nosso reino é interior, explicou;
mas a palavra de Deus, eu sabia, apenas matará,
e a nós deixará uma religião de sofrimentos.
Se de tudo isso saiu algo de bom,
foi o meu encontro com o anjo.

---

* Cortai um pedaço de madeira e vede – O Evangelho de Tomás, 30. (N. A.)

Apolo

Foi-se o tempo, mas eu ainda estou aqui
treinando na academia de ginástica
para uma vida de juventude, bravura, graça –
músico talentoso e arqueiro mestre.
Em Tel Aviv eu sou celebridade, ídolo –
senhor do culto ao corpo e à saúde,
mas em Jerusalém – cuidado! –
ainda vão me prender lá com *tefilin**.
já foi feito uma vez pelos macabeus –
cortaram a garganta dos meus devotos:
comedores de coelhos, ratos de teatro,
jovens e velhos passaram na faca.
Eu até já sei, e não é oráculo nem nada,
a história, aqui, retorna a Massada.

---

* *Tefilin* – filactérios, pequenas caixas de couro contendo textos bíblicos e com tiras. São colocadas na cabeça e num dos braços do fiel, para as orações. (N. T.)

Deus dos judeus

Deus Todo Poderoso, Deus dos judeus,
como combinam (Deus, judeus),
pecamos, traímos, Pai Nosso.
Estás fora e nós estamos dentro,
nós não somos nós, nós
somos bons.
Nosso Pai Nossoerro* que estás no céu,
pecamos perante Vós
e nada somos
a não ser
atos.

Deus Poderoso, Deus dos judeus,
Bendito sejas que não nos fizestes pagãos,
bendito sejas por não terdes face,
bendito sejais por estardes limpo de biografias,
fantasias, bobagens, sorrisos divinais.
Bendito sejais por não terdes nome,
por não olhardes com o olho dos macacos,
por não terdes raízes
e por não terdes folhas,
por não serdes Eu,
por não serdes Tu.

Nosso Pai Nossoerro, dai-nos o pão nosso,
bem estar e bom sucesso.
Contas celestiais e a receita de nossas orações
em juros frutifiquem perante Vós,
nós, o Vosso exército,
seremos mordiscados
na paz dos Vossos palácios.

Nossa pena de cada dia nos dai hoje
e de filhos ao pai confessaremos nossas falhas perante Vós;

casher, não casher, casher, não casher.**
E alma e carne, Adão-e-Eva,
eu e tu nos separaremos perante Vós.
A nudez de Vossa Santidade cobriremos hoje:
o caos
o vazio
a treva
o abismo
e nosso espírito a pairar sobre as águas.

* Nossoerro – no original há um trocadilho entre *Avinu* (Nosso Pai) e *Awinu* (referente a nosso pecado, nosso delito, Nossoerro). (N. T.)
** Casher – apropriado, em hebraico, refere-se ao que está de acordo com as regras judaicas da alimentação humana proibindo carnes de animais impuros, como o porco, mistura de leite com carne etc. Por ser um termo específico, e já conhecido, foi mantido conforme o original. Nas compensações tradutórias, Deus/judeus produz um efeito com rima e aliteração (d), enquanto no hebraico *Elohê halehudim* – a aliteração do *h* levemente aspirado reforça a ênfase, com a aliteração na sequência. (N. T.)

Conserto

Pelo pecado dos erros na escrita e por falhar
na invocação do amor – por ter-me desviado de mim
como a sombra do corpo, o rosto do coração;
pelo pecado de "o que dirão", por me anular, pelo orgulho;
pelo pecado de me encantar com a glória sob a luz dos refletores;
pelo meu ouvido que deixou de ouvir,
pelo dizer da boca com a qual eu falava sem dizer a minha alma;
por pecar em meu corpo com o cajado,
sem piedade, ao golpear meu próprio peito,
por chamar de meu o que é Vosso,
pelo pecado cometido perante Vós por receio e por medo vãos,
por alimentar o fogo da dúvida com a madeira da árvore da plenitude,
pela demora no crescimento, por trancar a minha porta,
por não ter visto nem ouvido e por não me permitir
a alegria ao contemplar a Vossa Presença.

Ao lado do Templo

Ao lado do templo / Assad mendiga pão / Abdalah – dinheiro.

Por perto / entre as bancas de amuletos e incenso / Mustáfa mendiga estrelas / Issa mendiga amor / estendem suas tigelas escancaradas para a esmola / a quem vai e vem.

Mansur mendiga verdade / Jalal mendiga liberdade / Omar – vida.

E ele? Ele mendiga coisa nenhuma / mas ninguém lhe dá nada.

A sua tigela enche-se de / olhares furtivos / esmolas de palavras e de pensamentos / fogo, terra, ar / poções mágicas, redenções.

Ele entorna a tigela / e a esvazia na terra / mas ela ainda / está muito cheia.

"Querido Eu", ele escreve nela / e a enche até a boca / de vinho tinto. / Agora ele bebe – num trago só. / Ah, não, não está vazia! / ele despedaça a tigela / numa porrada / cacos pela terra / Mas agora ela parece / mais cheia do que nunca: / Procriou.

Ao lado do Templo / Assad mendiga carne / Mustáfa – seixos / Omar – paredes. / Ao lado / ao lado do Templo / não há nenhum templo.

Poema

1
A semente semeada na areia espera anos pela chuva

Este poema será um poema de outro século, nada diferente deste.
Este poema ficará oculto sob ruínas de palavras até que

entre os últimos grãos de areia da ampulheta
como navio dentro de garrafa, ele será visto, este poema:

o poema que falará sobre inocência. E pessoas avulsas,
pelo jeito dispensadas pelo tempo, feito deuses atrasados,

elas o ouvirão sem um motivo, que também nunca houve,
empertigando-se como serpentes

entre os refugos; não haverá de onde mais
fugir dele, ele não terá fim

diferente do seu começo. Ele não será rico
nem será pobre. Ele não se incomodará mais em manter

promessas e cumpri-las, nem com a palavra dada,
nem com poupar ou navegar daqui pra lá.

Este poema – se falar com ela, não a chamará
de doce musa, e não dormirão juntos, como os pais faziam;

esta poesia, diante dele, não vai se ajoelhar nem matar,
nem se maquiar nem despir carne e palavras, porque ela não tem

o quê? Talvez agora eu o convoque, o mau poema
do século; doente de saúde ele mal caminha e

arrasta os pés pelo fluxo viscoso do pensamento de hoje
ou está ali para mostrar documentos ou calcular bobagens
no ábaco. O inventário: flores e grampeadores,
cadáveres (sim, não temas), altas taças. Após o grampeador –

borboletas, muitos rastros, o resto dos ganchos e estantes
para os argumentos de críticas eruditas, e também de bobeira, dente//

contra dente, na anarquia do sorriso de quem não sabe
mas suas cores viraram parábola. Ou com inexplicável

sossego tentar a sorte de algum outro nos jogos
do ir e vir que não têm outro fim além de, digamos,

divertir-se um pouco alongando o verso, passando laranja no azul
do céu noturno: agora vamos caiar uma nuvenzinha. Sobe

nela, olha abaixo: mar de mar, areia de areia.
Ou dedos: dez vermes articulados

movimentam-se com inexplicável encanto. Agora envolvem
uma esfera de círculo falho, maravilhosa, carnosa. E ainda mais

tu podes dizer algo (uma fruta, assim a chamam,
pêssego). E o gosto destas palavras está cheio do gosto

de ser, no som que segue a paisagem com admiração,
não com o estrondo de um pensamento. E isto é o poema:

ele canta, digamos, o piche que se colou ao pé na praia,
as garrafas de plástico, as próprias palavras dele. Ele

apenas vê: preto no branco, transparente, ou fosco.
Ele, não menos nu do que tu. Também não mais. Apenas exatamente

isso que não tem medida, a não ser frente às curvas da cadela,
a um vaso de ciclâmen ou ao fio de cabelo no apoio do banheiro.
As criaturas que aqui não querem saber. As criaturas
que lá estão, só querem, elas são uma possibilidade agora

de serem as criaturas que aqui estão, de serem esta velharia,
que não tem o que dizer a não ser eu, eu, sem limite

sem tu. Um cão cananeu deitado no degrau ao sol
após o meio-dia – não se diferencia das moscas.

2
Chuva. Ele saiu de si mesmo

Tu mordes, engoles, na verdade trituras linha após linha
diante desta tela, cospes os espaços como se fossem

uma trilha sonora em húngaro. E isso está certo, por mim, pois
está certo pra ti: morar entre paredes, cobrir-se com elas e seguir

num ritmo fetal; come e bebe, enche o tanque de gasolina,
compra tudo que é comida, lê poemas; rápido. Mais rápido:

frases de audiovisuais, videoclipes,
micro-ondas, cabines de filmes pornô. Mais rápido:

cápsulas, infusão, eletrodos. Mais rápido:
não nasças. Não és e nem tens agora existência

fora deste poema. Isto não começa, isto não acaba
na página, linha ou vírgula. Este ponto é um ponto

que só observou o espaço infinito num olhar longínquo.
Então aproxima, nuvens, cor laranja no azul do entardecer,

mar do mar, areia da areia, as pessoas caminham,
sentam, deitam, nadam ou transam. Escolhe por ti mesmo

hora e lugar. Onde estás? Agora estás dentro de um
dos pontos de vista. Talvez queiras nascer? Este momento

é designado neste aqui por um número: vinte segundos
do primeiro, mil, novecentos e noventa e cinco,

meio-dia e meia, o entardecer, domingo. Bom que tenhas vindo.
Amanhã escreverei o poema no qual viverás. Eis a casa-estrofe:

-- tua somente. E a localização, tamanho, cor e móveis
conforme teu enfoque (ver acima "ponto") e também as janelas voltadas

para outras casas-estrofes na periferia do poema, no centro ou acima:
olha que passam árvores e seus moradores, cafés e pratos voam,

cavalaria, elefantes, pergaminhos, dos quais o mar se encolhe agora,
todos bruxuleiam entre o ser e o não, entre olhada e alvo,

Entre mim e o existir, entre "isto" e seus nomes (eu
eu e mais eu: um vaso de ciclâmen, um fio de cabelo no apoio

do banheiro etc.). Então sai e vê, este poema abandonado
aos cochichos sem sentido, não há coisa alguma entre mim e ele

senão o que está entre mim e o eis aqui (este não é um verso final, eis aqui –
escrevi mais um verso). Agora –

3
O dentro dele tateia as coisas, torna-se fora

Vem, senta, olha: as casas voltam aos seus lugares
devagar. A geada acende no para-brisa. Mais um dia.

Vem, senta. Café ou chá? Açúcar, leite? É assim:
ovo cozido ou olho estalado? Iogurte ou coalhada seca.

Geleia ou mel. Esta vida, é impossível com isso,
impossível sem isso: de manhã ou de noite, homem ou mulher,

frio ou quente – vem, senta. O que há? O mar e a areia
afundam um no outro e não há um salvador, nem quem atrapalhe,

eu te olho, seguras pranchas quebradas,
não há sequer um navio, a situação é dúbia,

os dois, cortados na mesma sentença, nós a levamos adiante
cada um por si. Vem, senta,

diz: um ou muitos. Escravidão ou liberdade. Eu
ou tu. Amor ou. Como poderás saber. Medo.

Só distraidamente, quando não temos praia
nem pistas, há o som de palavras e não há,

elas não assinalam as imagens, mas a lacuna
entre elas, nada temos, nunca houve. Vem, senta.

Tomate, pepino, cebola verde, queijo, nove por cento,
migalhas de pão com químel, margarina, sal.

Ainda que digas: espera, tu sonhas – ainda que eu examine
o meu lugar e os meus atos, o que mudará?

De fato estou frente ao computador agora. De fato
eu faço isto – do princípio, tudo. De fato

estás diante da página agora, louco para tocar em,
como eu. De fato, neste exato momento, tu tocas

de dentro para fora, devoras o mundo que não cessa
de jorrar de ti: laranja sobre o azul do céu matinal, a geada

queima no para-brisa, copo de chá – tudo o que
escolheste e foi. Então é exatamente assim,

escolhe também agora: a mim por exemplo,
um café da manhã, mais um dia. Eis aqui.

4
A gavinha tateia / enrola / sobre a gavinha tateante

Tarde para voltar daqui, também é perigoso parar com
o que dissemos e existiu, e há atos como esses.

Pega o que quiseres – copo, cigarro, televisão,
ou qualquer álibi que queiras (se não te importa, eu

continuarei a escrever: dentro de uma coxa, a textura dos lábios, a mão
que apanha a realidade convexa, mamilo no centro dela.) Certo,

este poema volta ao que é impossível voltar,
e como de uma porta no deserto, é impossível sair disso

sem topar o mesmo lá fora. Olha: ruas e calçadas,
portos e aeroportos, satélites de comunicação. Olha: o espaço

fora do "aqui", também ele está num poema como este,
mais um ponto de ligação, como qualquer outra coisa;

e não somente isso, todo o lá já está aqui: janela
aberta frente à janela e lembranças

devoram todo o quarto: praia, palmeiras, dela o jovem corpo
curvado sobre o caderno, cabeça inclinada, o cabelo preto, liso, cai,

cobre o universo. Lábios, rosto, o entrecoxas, seios
que brotam agora, narizinho japonês, bunda.

Quem disse e então foi esta ordem – ele não teme, ou pelo menos
esquece quando seu olhar a todo instante brota no que ele vê.

Escreverei agora: deixarei que desapareça palavra por palavra
e não seja demais; todo verso começará e terminará

como o pousar da mosca pela sala de espelhos. De novo:
mar do mar, areia de areia. Olha e cria-os,

segura-os por um instante entre os limites variáveis,
fixa-os em letras como um grito ordenado

para dizer o que não há, que não houve, que não haverá,
não te incomodes além disso. Agora deixa andar. De novo –

5
Quando ele sabe que rasteja, o pântano surge por si mesmo

Segura um mundo. Cigarro, copo, lábios.

O peso dos membros na cadeira, meu rosto, teu rosto,

o outono cobre a calçada, a marmita, o cheiro quente
e dedos que te cobrem antes do dia se apagar.

Agora, por um instante, não segures. Esquece. Deixa que se espalhem
e populem o que há dentro de ti, sem que sejam tanto mundo,

sem que pintem o verde nas folhas ou
na lembrança das folhas de palmeira na praia (próximo

àquele corpo juvenil, curvado sobre o caderno),
deixa que as folhas se misturem na calçada e descansem,

não sejam "folhas" em absoluto, nem "cigarro", "copo",
"lábios". Espraiar-se em ti como uma intensidade,

feito o mar na praia. E quando estiverem dentro de ti
apaga-os, e de novo acenda. Apaga acende,

Apaga acende e de novo. Agora
faz a mesma coisa com o mundo no qual tu és "tu",

coisa entre coisas. Olha como navegam pelas extensões
do corpo, apaga-acende-apaga e vê do que

és feito. Tudo isso não é senão a moral da história.
Nós – continuaremos a bruxulear, num ritmo binário

continuaremos a dizer nada de nada a quem pergunta –
eu, tu etc. E por que não fazemos uma nova fábula:

olha, criamos este fora aqui. O tom laranja sobre azul, a "ofensa", a "esperança", o que

se agita entre nós, entre o ser e o nada, entre isso e aquilo. Vamos chamá-lo assim.

Dia - Min'há*

2
Já limpamos o sangue

Já limpamos o sangue dos altares, que antes chamávamos
"Artérias do Tráfego", "Serviço Militar" e "Altares Gerais" –

"Família", "Estado", "Local de Trabalho" –
e também: "Escola", "Asilo de Velhos", ou "Hospício";

Tudo esplende com o brilho do depois, só restaram as facas,
os arados, as panelas, os garfos, as conchas, as brasas

que ainda sussurram: perante Vós agradecemos pelo sacrifício do dia,
pelo pão e o saber, pelo trabalho, pela sombra do abrigo desta manhã,

ainda poderiam ficar, mas o Ceifeiro decretou outra coisa
e fomos, diante de Vós, alimento do fogo devorador até o meio-dia.

Ao lado das pias senta-se uma velha limpando, não se sabe o seu nome,
o salário dela é carne. Assim

também nós sentamos em volta dela e limpamos – faca após faca, como se
fosse apenas um passatempo. Minha língua já está bífida, eu saio da cozinha

rumo ao pátio do Templo; lá entre as cabanas das primícias, um oleiro
apresenta seus jarros ao louvor, ao desprezo, um atleta, seus louros,

um padeiro garante a sua massa, poetas a sua poesia – lemos, sem pedido
nos ouvidos dos que vão e vêm. Ao lado das tigelas para o dinheiro,

uma velha senta-se e tece, não se sabe o nome dela,
o seu salário são palavras.

Retorno à cozinha, inclino a cabeça sobre o fogo, ponho uma brasa
na boca, penitência pelo dia: aí vêm suas árvores, habitantes,

cafés, pratos voadores, a cavalaria, elefantes, pergaminhos,
apenas falamos e já existiam. Onde estiveram que não fosse

no sacrifício do dia, oferecido de coração, mas sem consciência;
onde estaríamos não fosse pelo sacrifício do dia,

sem utensílios para carregar a abundância,
sem palavras para dizer "sofremos e enriquecemos",

sem dar, levando, honrando a opulência –
onde ela estivesse. Eu cuspo a brasa e ela cai no seio

de uma velha, que anda atrás de mim feito sombra,
não se sabe o nome dela, o seu salário é uma face.

---

* Min'há – (h aspirado, lembra o jota castelhano) oferenda bíblica, oração judaica da tarde. (N. T.)

4
Não longe

Não longe da agitação da rua, da hábil colmeia e do barulho do pensamento,
além das torres do enxame, além da margem pavimentada, o jorro dos rios
de asfalto,

estirada aos olhos do dia e se bronzeando, a nudez animal da cidade
das gentes;
escancarada como uma fossa, miqvê* de lágrimas e pecados, Tel Aviv de fora

mas dentro, delicia-se consigo mesma no jogo de fluxo e refluxo
no baldio da areia e do mar, no rito de mergulho e adoração ao sol,

um burburinho sem sentido faz com que esqueçamos toda vítima
humana, todo esforço, todo heroísmo e toda oração respondida em ato.

Frente às colinas de rocha porosa lavrada pelo vento e pela água,
o palácio que alguém construiu na areia úmida e abandonou aos moradores:

rainha e rei, cavalos e cavaleiros, príncipe, bobo da corte, ossudo
conselheiro secreto, jardineiro, mestre escola,

prostitutas de hospedaria e o grupo de camponeses
com cheiro do esterco dos cavalos e do feno colado nas roupas;

um balconista raivoso fatiando a salsicha além do balcão
sobre o qual inclinam-se em bebedeira coletiva

um aprendiz de padeiro, uma lavadeira e um barbeiro errante
ouvem as histórias que o seleiro de um olho só (perdera o outro,
segundo ele, a serviço do rei na maior das batalhas,

frente aos invasores que vinham em navios negros de proas curvas).
Espera mais um instante, por uma vida ou várias, até que levantem

os olhos para ti, como se fosses um fantasma trajado com as forças
do mar; mais um minuto, lá fora as ondas já batem nas muralhas,

um menino caminha no teto do palácio, no jardim,
nas cabanas, no porto. Mais um instante e o peso da história
transformará em areia palácio e cidadela, e uma brisa alegre soprará
lavrando palavras nas pedras porosas da praia: "Também isto vai passar".

Mas ela é a serviçal de um poder eterno que aqui governa com mão forte
sem fim ou princípio ou instante que passe realmente sem retorno;

a ampulheta que volta a fluir dentro de si como fazes quando apenas
invertes – tempo no tempo, o presente dentro do presente

que era chamado de dias idos ou vindouros. E por que
se acatou que um tipo de gigante invisível nos olhasse de cima,

e nós correndo entre os minutos carregados das tarefas diárias?
Nós somos a medida, a altura, o tempo e os fatos do mundo

que pelo olho mágico passam agora diante de nós,
também permanecem como são na praia infinita. Certo,

o Senhor Linha pensa que no seu lugar sem igual,
nenhuma criatura tem volume, e o Senhor Plano – ri

em toda a sua extensão dos erros do Linha, mas renega a altura.
O que esses sabichões dizem, nos debates que separaram

povos e famílias, não está esboçado no *Livro do Justo*? **
Eu pego uma concha e coloco na orelha, mais uma do outro lado,

e é impossível saber a quantidade de conchas e orelhas;
o que eu ouço é - - -

---

* Miqvê: reservatório de água, referência ao mar de Tel Aviv, também denominação da piscina para o banho ritual judaico de purificação – a *tevilá*, o mergulho, relaciona-se, para os cristãos, com a simbologia do batismo. (N. T.)
** Josué 10:13: "Acaso não está escrito assim no *Livro de Iashar*, que o sol se deteve no meio do céu e não se apressou a pôr-se aproximadamente por um dia inteiro?" (Bíblia Hebraica, Sêfer, SP, 2006, p. 228). *Iashar* refere-se tanto a uma pessoa justa como seguir de maneira reta. (N. T.)

Poema das criaturas

O amanhecer vem para a labuta de nossa vida,
ao meio-dia as costas estão muito arcadas.
Até o anoitecer extingue-se o nosso fôlego;
de onde viemos, aonde vamos?

Eu me sento no círculo, olho ao redor,
estendo as mãos aos amigos e eles a mim.
Mas por mais que estendamos as mãos,
não tocamos um no outro.

Solitários aqui chegamos e solitário
um a um se apagará numa noite estrangeira;
lá sentaremos no círculo e de novo
estenderemos nossas mãos um ao outro à toa.

Erguemo-nos dia a dia para o trabalho de nossa morte,
ao meio-dia as costas estão muito arcadas.
Exaustos, até o anoitecer deixaremos nossas almas
para renascer na terra dos vivos.

No livro da vida lê sobre as mortes deles,
no livro dos mortos – sobre as vidas deles;
gira o círculo e nós com ele,
mãos estendidas, rostos vazios.

Há quem diga

Há quem diga que a vida continua diante de outra possibilidade,
há quem diga – conquista; há quem estenda um sinal de igual

entre a vida e sua ausência, e há quem diga que a vida
nos foi dada para servirmos a quem

cuja vida não é vida. Eu digo: tu.
É possível explicar isso com facilidade: a noite envolve de novo

o que se vê. Na casa acendem as lâmpadas. Também na luz não há olhar
além desse do espelho, não há quem me olhe

olhando-o; não há nele redenção, apenas saudade, nem morte
mas vida. Eu tiro dele o quente e o frio, a noite envolve,

eu sinto saudades de quem me olha pelo toque
e não me lembro de nada. Só isso.

Os bárbaros (segundo turno)

Não em vão esperamos pelos bárbaros,
não em vão nos juntamos na praça da cidade.
Não em vão vestiram os nossos maiorais os trajes de honra
e estudaram os discursos em respeito ao evento.
Não em vão esmagamos nossos templos
e construímos outros dedicados aos deuses deles;
conforme o figurino queimamos nossos livros
que nada guardavam para gente como aquela.
Como numa profecia vieram os bárbaros
e pegaram da mão do rei as chaves da cidade.
Mas na sua vinda eles se cobriram com trajes locais,
seus costumes eram os costumes do país;
e quando nos comandaram em nossa língua,
já não mais sabíamos quando
os bárbaros vieram.

vazio

vazio finalmente
nem uma pena deixada nas
asas do mundo

Sombra

Como o corpo no sonho, é bastante fácil esquecê-la.
Ela cresce exatamente na medida em que a luz se põe –

No começo – ela é apenas um filhote de escuro
arrancado do teu coração,
lambe a tua batata da perna com a língua áspera.

É quase divertido quando pensas nisso,
os mortos atiram para ela um osso branco,
mas em uma hora – ela já está do tamanho de um passo.
A cada passo ela morde, fome de existir.

Conforme escurece tu começas a entender.
Tuas pegadas tornam-se lentas sobre a ponte.

A noite é um rio   uma fera que se alonga.
A goela de treva   cem dentes de serpente.
A noite é água e frio.

Agora tu temes
Atira-lhe
um osso, mão   ou um outro bem –
não importa. De um jeito ou de outro   mais um instante
serão um só.

Face

lenta e fresca a brisa acaricia-me a pele
suave a luz da manhã pousa sobre as folhas
o mundo estira os membros preguiçosamente
em tudo mostra-se de novo a minha face

Dinastia

Apu, o primeiro sábio, semi-humano, agachou estirando os lábios diante das espigas de cevada que brotavam dos grãos caídos de sua mão. Ele coçou o nariz por um instante, cravou o dedo na terra úmida, introduziu um grão na cavidade e inventou a agricultura. Assim, dizem os escritos antigos, deitou-se Apu com a terra. Num silogismo Apu resgatou o homem da escuridão do eterno presente e lhe concedeu o passado e o futuro; e noutro silogismo ensinou as pessoas a desejarem o ausente. Foi assim que Apu entrou na caverna da morte e nela achou a cultura. Por conseguinte diz o provérbio: "Todas as nossas ciências, todas – são como um piolho na cabeça de Apu".

Hashi, o sexagésimo sábio, roubou centeio, roubou a virgindade da sacerdotisa da terra e roubou o fogo do coração da montanha de pedra. Ele triturou as pedras de sílex com as mãos. Ele sovou a sacerdotisa e assou a terra. Assim Hashi inventou o pão. Em uma hora, dizem os escritos, Hashi roubou a pobreza ao rico e a tolice ao sábio. Por conseguinte diz o provérbio, "Hashi está aqui? – Cuidado com o teus bolsos! Toda a nossa riqueza – é como nada diante da pobreza de Hashi".

Goma o Cego, o décimo primeiro sábio, foi o primeiro a descobrir a língua. Ele estapeou o próprio ventre produzindo um som abafado, inutilmente. "Pão!", gritou Goma, até que as pessoas aprendessem o segredo e o sentido daquele sinal. Assim, dizem os escritos antigos, apontou Goma sem o uso de um dedo e viu sem olhos. Com uma só palavra Goma salvou o ser humano do tempo e do lugar – e fez nascer asas na vontade. Por conseguinte, diz o provérbio: "Todos os nossos escritos – são como os olhos de Goma".

Nano, o centésimo oitavo sábio, olhou ao seu redor e não viu coisa alguma. Ele escutou e não ouviu, tocou e não sentiu nada. Com Nano, dizem os escritos, veio a redenção ao mundo.

ergue-se a lua

ergue-se a lua sobre os tetos de bambu
delicia-se o meu coração selvagem
na redonda brancura

Eu olho o mundo com olhos de símio

Eu olho o mundo com olhos de símio
que brincam entre as samambaias no meu crânio;
eu fui levado nas asas da águia em voo
pois minhas vísceras vieram de mim para ela;
no vazio da terra
eu rastejo com os vermes
que comeram meus olhos nas suas órbitas;
eu sou verde e vicejo na relva
fertilizada na minha carne apodrecida.

Corpo divino meu,
como cresceste desde então!

Poeta

A professora fala. Ele ouve.
Lá não há palavras,
só música.

Duas árvores oscilam à janela
formas de tinta no caderno.
Ele conta de novo as formas do sonho:
duas árvores, a professora fala,
dele a paixão fecha a janela.

Ele senta à beira da página,
árvores oscilam no caderno.
Seu coração gira com o relógio na parede
E agora – a última campainha.

Ele fecha os olhos, ouve
"Lá não há palavras", anota.

A língua diz

A língua diz: perante a língua
situa-se uma língua. A língua são rastros
pisados por lá.
A língua diz: agora escute.
Você ouve:
aqui havia
um eco.

Pegue o silêncio e experimente ficar calado.
pegue as palavras e experimente falar,
além da língua a língua é um ferimento
do qual flui o mundo.
A língua diz: há, não há, há
não há. A língua diz: vamos falar você,
vamos tocá-lo, vamos lá, diga
que você falou.

A paisagem correta

Se eu fosse descrever
esta luz azulada e macia
o trêmulo reflexo do plátano na água
quando a fila de patos   atravessa o lago
e além a linha circular da margem –
os arbustos e a baía   as montanhas verdes
que se desfazem na chuva rumo à nuvem do céu –

acaso não teríeis
iluminado os meus olhos com um holofote de busca
abatendo entre as linhas um ou dois patos
e rezado ao monstro   que se ergueria do mar
e abriria a boca sobre vós   para
vos salvar desse embotamento divino?

Não é preciso. Eu rascunho para vós
os pregos e a cruz   as contorções   a dor
onda após onda nas asas da borboleta –
os vossos rostos irradiantes   a paisagem
e finalmente   o grito maravilhoso
a pancada de gozo   em vossa carne
o estremecer –

Só mais um minuto,   paciência.   Eu já
vou terminar.

Notas sobre o autor e o tradutor

Amir Or nasceu em Tel Aviv no ano de 1956, estudou religião comparada na Universidade Hebraica de Jerusalém, é poeta, romancista, tradutor de poesia erótica grega, ensaísta e editor, além de ativista cultural, promotor de festivais e criador de periódicos culturais, como *Helicon*, de onde surgiu a Escola de Poesia Árabe-Hebraica. Além disso coordenou o programa Poetas pela Paz, iniciativa patrocinada pela ONU, na qual jovens escritores árabes e israelenses criam juntos, realizam traduções entre o árabe e o hebraico e trocam conhecimento de suas tradições literárias durante um ano. Or recebeu prêmios importantes em Israel, tem feito leituras poéticas por diversos países e é traduzido para mais de 40 idiomas. Viveu no Japão. Hoje vive em Tel Aviv.

*

Moacir Amâncio é poeta, professor de literatura hebraica na Universidade de São Paulo. Autor de *Ata* (Record, 2010), reunião de livros já publicados e inéditos, de *Matula* (Annablume, 2016), *Dois Palhaços e Uma Alcachofra* (sobre obra do romancista israelense Yoram Kaniuk e a arquitetura de Frank O. Ghery, Nankin, 2001), *Yona e o Andrógino – notas sobre poesia e cabala* (sobre a poeta israelense Yona Wollach (Nankin/Edusp, 2010) etc. Sua tradução anterior é o volume de poemas *Terra e Paz*, de Yehuda Amichai (Bazar do Tempo, 2018).

Sumário

- 5   O poeta no meio do redemoinho – por Moacir Amâncio
- 9   Lições
- 10   Lenda matinal
- 11   Não perguntes
- 12   El amor brujo
-       Como
-       A lua
- 13   Vem
- 15   Imortalidade
- 16   O estrangeiro
- 18   Cerveja
- 19   Mais
- 21   Epitáfio
- 22   A Tentação
- 23   Oração de Orfeu
- 24   Florescência
- 25   Lembrança. O fora é rasgado de dentro dele
- 26   Floração
- 27   Testemunho
- 28   Rumo ao mundo
- 29   Mostrai-me
- 30   Momento
- 31   Gato
- 32   Quarto de hotel
- 33   De joelhos
- 34   Segunda-feira
- 35   Proximidade
- 36   (Dos) Poemas de oração

37   O Santo Bendito Seja
38   Maria
39   Apolo
40   Deus dos judeus
42   Conserto
43   Ao lado do Templo
44   Poema
     1. A semente semeada na areia espera anos pela chuva
     2. Chuva. Ele saiu de si mesmo
     3. O dentro dele tateia as coisas, torna-se fora
     4. A gavinha tateia / enrola / sobre a gavinha tateante
     5. Quando ele sabe que rasteja, o pântano surge por si mesmo
55   Dia – Min'há
     2. Já limpamos o sangue
     4. Não longe
59   Poema das criaturas
60   Há quem diga
61   Os bárbaros (segundo turno)
62   vazio
63   Sombra
64   Face
65   Dinastia
66   ergue-se a lua
67   Eu olho o mundo com olhos de símio
68   Poeta
69   A língua diz
70   A paisagem correta
71   Notas sobre o autor e o tradutor

© Relicário Edições, 2020
© Amir Or

CIP –Brasil Catalogação-na-Fonte | Sindicato Nacional dos Editores de Livro, RJ

O63p

Or, Amir

A paisagem correta / Amir Or ; organizado e traduzido por Moacir Amâncio. - Belo Horizonte : Relicário, 2020.
76 p. ; 13cm x 20cm.
Inclui índice. Tradução direta do hebraico.
ISBN: 978-65-86279-06-1
1. Antologia 2. Poesia. I. Amâncio, Moacir. II. Título.

CDD 892.43
2020-993   CDU 821.411.16

Coordenação editorial **Maíra Nassif Passos**
Apoio editorial **Vivian Schlesinger**
Organização, tradução e notas **Moacir Amâncio**
Projeto gráfico, capa & diagramação **Ana C. Bahia**
Revisão **Lucas Morais**

Relicário

Rua Machado, 155, casa 1, Colégio Batista
Belo Horizonte, MG, 31110-080
relicarioedicoes.com | contato@relicarioedicoes.com

1ª edição [2020]
Esta obra foi composta em Lora sobre papel
Pólen Bold 90g para a Relicário Edições.